ABÉCÉDAIRE

DES

Petits Gourmands,

Par Mme **DUFRENOY.**

Cet Ouvrage est orné de vingt-six sujets lithographiés d'après les Dessins de MM. Develly et Lelói, Peintres à la Manufacture royale de Sèvres.

PARIS,

LEFUEL, Libraire, rue S. Jacques, N.° 54;
NOEL et DAUTY, M.ds d'Estampes, Palais-Royal, galerie de Nemours;
DELAUNAY, Libraire, Palais-Royal, galerie de bois, côté du jardin, N.° 243.

ABÉCÉDAIRE

DES

PETITS GOURMANDS.

IMPRIMERIE DE J. DIDOT, L'AINÉ,
IMPRIMEUR DU ROI.

Lith: de G: Engelmann.

ABÉCÉDAIRE

DES

PETITS GOURMANDS.

PAR MADAME DUFRENOY.

CET OUVRAGE EST ORNÉ
DE VINGT-SIX GRAVURES LITHOGRAPHIÉES,
D'APRÈS LES DESSINS DE MM. DEVILLY ET LELOI,
PEINTRES A LA MANUFACTURE ROYALE DE PORCELAINE.

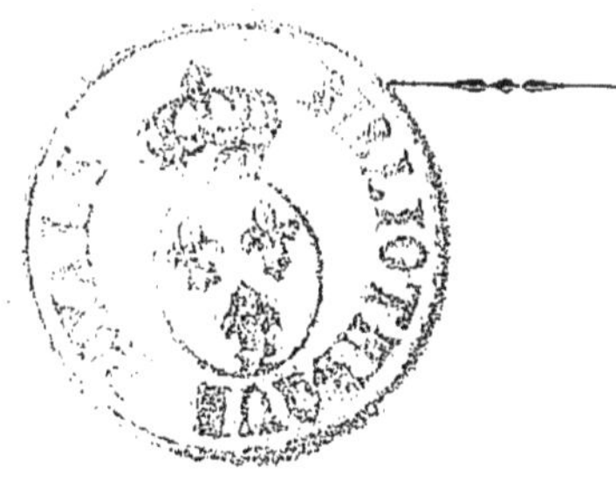

PARIS,
LEFUEL, LIBRAIRE, RUE SAINT-JACQUES, N° 54.
NOEL ET Cie, PALAIS-ROYAL.

INTRODUCTION.

Le jeune Achille de Saint-Germain venoit d'étaler sur une table un grand nombre de gravures aux yeux charmés de ses cousines et de ses frères. Qu'elles sont belles! s'écrient les enfants : donne-nous-les; oh! donne-nous-les. Eh bien, je consens, répond Achille, à faire présent à chacun de vous des gravures sur lesquelles vous aurez improvisé une historiette.

Celui qui ne réussira point à remplir la condition que je propose, non seulement n'aura point de gravures, mais, au lieu de nous accompagner ce soir à la promenade, il restera seul à travailler ici.

Voyons, vous sentez-vous le courage de vous exposer à cette punition? Les enfants demeurent quelques instants indécis. Ils comptent le nombre d'histoires qu'ils auront à faire, et choisissent ensuite, parmi les gravures, celles qui leur plaisent le mieux.

A merveille, dit en riant Saint-Germain; vous avez, à ce qu'il paroît, du goût pour les friandises : eh bien, quand vos histoires seront faites, leur collection s'intitulera Abécédaire des petits gourmands.

Cette réflexion piqua d'abord les enfants; mais le desir de gagner l'espèce de prix qui leur étoit offert éveilla leur amour-propre : dans le projet de l'exciter encore, Saint-Germain regardant une des gravures qui n'avoient pas été choisies, la prit pour texte d'une histoire intitulée ABEILLES.

A
Abeilles
C. Develly
Lith. de C. Constans à Sèvres.

ABÉCÉDAIRE

DES

PETITS GOURMANDS.

ABEILLES.

M. Dorval vivoit à la campagne; il s'y occupoit de la culture de son joli jardin, où il élevoit avec soin des abeilles, dont il retiroit un produit considérable. Sa fille, madame Verseuil, et ses trois petits-fils, venoient chaque année passer chez lui le temps des vacances. Un matin, à son réveil, il est salué par les caresses de sa jeune famille. M. Dorval, n'ayant pas vu ses petits-fils depuis un an, s'attendoit à les trouver bien instruits, et sur-tout corrigés des défauts qui, l'année précédente, lui avoient rendu leur séjour chez lui, et poursuivent ses frères. Madame Verseuil accourt à leurs cris, et parvient, avec peine, à les soustraire à la fureur des mouches. Le grand-papa, voyant tout l'espoir de son année perdu, ne voulut pas les garder plus long-temps chez lui. Renvoyés à leur collége, un travail forcé, les douleurs qu'ils ressentirent pendant un mois, et les railleries de leurs camarades, devinrent la juste punition de leur désobéissance.

Develly.

Lith. de Constans à Sèvres.

BEIGNETS.

Madame Bertrand avoit la réputation de faire d'excellents beignets. Elle se plaçoit à l'entrée du boulevard du Temple, et revenoit chaque soir chargée de sous. Avide de gain, elle ne donnoit jamais rien aux petits malheureux; elle se faisoit même toujours payer d'avance. Un jour qu'elle venoit de poser près d'elle un plat rempli de beignets, et qu'elle avoit remis sa poêle sur le feu pour en faire d'autres, un enfant assez mal vêtu l'approche en tremblant. — As-tu de l'argent? dit-elle avant de le servir. — Non, répond l'enfant d'une voix douce; mais ce soir j'en aurai. — Va, va! je te servirai lorsque tu paieras; la mère Bertrand ne fait pas de crédit. Le pauvre garçon se retire tristement, sans rien dire, lorsqu'un cri perçant frappe l'oreille de la marchande. Elle se retourne, et voit un enfant qui d'une main saisissoit dans le plat une poignée de beignets, et qui de l'autre en rejetoit un que, dans sa gourmandise, il avoit porté brûlant à sa bouche; furieuse, la marchande lui jeta au visage une cuillerée de friture bouillante. Elle ne se seroit sans doute pas portée à cet excès, si elle avoit eu le temps de le faire arrêter; mais il falloit qu'elle répondît à ses pratiques, et le plus court moyen de se venger lui parut le meilleur. Pendant ce temps, le pauvre enfant qu'elle avoit repoussé avec dureté lui sauva une perte plus considérable que celle occasionée par le vol de quelques beignets; il chassa un chien qui alloit gâter une terrine pleine de pâte. Voyez, lui dit-il, je suis plus généreux que vous, parceque je sais que Dieu commande de rendre le bien pour le mal : vous m'avez refusé un crédit de quelques heures, et je vous aurois bien payée ; moi, je vous ai servie sans intérêt. Un généreux passant, témoin de la bonne action de cet enfant, le força d'accepter deux pièces de cinq francs, et l'emmena chez une autre marchande. Madame Bertrand perdit ainsi, par sa faute, le bénéfice qu'elle auroit pu faire, et que le petit gourmand lui avoit volé. L'avarice est un vice odieux, dont on est puni tôt ou tard.

CERISES.

Dans le temps des cerises, Justin alloit tous les jours de Montmorency à Paris pour vendre les siennes; franc, et n'ayant jamais eu l'idée de tromper personne, il croyoit que personne ne chercheroit à le tromper. Un jour, ainsi que de coutume, ses deux paniers dans les mains, ses balances sur les épaules, et suivi de son chien, il crioit, *A la douce cerise! à la douce!* un singe assis à une croisée attire son attention, il s'arrête charmé de l'air spirituel du singe; il lui donne un passe-passe, et reste longtemps à regarder avec quelle adresse cet animal tient et mange le fruit qu'il venoit de lui jeter. Deux petits garçons se placent derrière lui, dans l'intention de satisfaire leur gourmandise, vivement exci-

C
Cerises
Develly.
Lith de C.Constans à Sèvres.

tée par la beauté des cerises. Ces enfants, habitués à dérober tout ce qui leur plaisoit, quoiqu'ils eussent déja subi des punitions très rigoureuses pour ce mauvais penchant, fixent les yeux sur Justin, et mettant doucement leurs mains dans un des paniers, ils y font un large vide. Ils se disposoient à se retirer, lorsqu'un gendarme les prend par le bras et les traite de petits fripons : Justin se retourne, et d'après ce qu'il voit, il se promet bien de ne plus flâner quand il auroit autre chose à faire. Le gendarme l'engage à tenir sa résolution ; ensuite, malgré les cris des petits voleurs, il les mène au corps-de-garde. On leur demande leur nom et la demeure de leurs parents ; ils obéissent. Quel spectacle les attend ! leur père arrive ; son regard sévère et triste les glace d'effroi. « Malheureux enfants, leur dit-il, nous n'avons pu vous arracher au vice le plus bas! vous voilà détenus comme des voleurs! quelle idée pour moi! quelle idée pour votre tendre mère! Elle étoit malade quand vous l'avez quittée, vous la trouverez peut-être mourante; la nouvelle de votre juste détention a redoublé ses souffrances. Par pitié pour votre âge, la loi ne vous condamnera qu'à quelques heures d'emprisonnement, mais je vous réserve un châtiment plus cruel. Venez auprès de votre mère; si vous l'aimez, sa vue doit vous corriger pour toujours du vice odieux qui fait en ce moment et ma honte et la vôtre. » Leur père les traîne jusque chez lui, et les conduit auprès de leur mère. Ils fondent en larmes en la voyant, car elle les regardoit sans les reconnoître; par un mouvement simultané, les deux frères tombent à genoux, élèvent leurs yeux au ciel, et prient le Tout-Puissant de rendre leur mère à la vie et à la raison. Dieu exauce leur prière; les traits de leur mère redeviennent plus calmes; elle recouvre peu-à-peu sa tranquillité: la vue de ses enfants repentants est pour elle le meilleur de tous les remèdes. Bientôt elle entre en convalescence, mais le souvenir du danger que leur mère avoit couru inspira aux enfants une horreur éternelle pour le vol.

DARIOLES.

Un jour, Eugène et Frédéric se séparent de leur oncle, qui est aussi leur bienfaiteur, en lui promettant d'être bien sages à l'école, où ils restoient ordinairement depuis le matin jusqu'au soir. Le temps étoit superbe. — Quel ennui ! s'enfermer dans une classe par un temps semblable ! dit Eugène à son frère. — Oh! cela est bien vrai, réplique l'autre. — Il me vient une idée. — Laquelle? — Tu ne devines pas? — Je devine ; mais si mon oncle, si notre maître, nous... — Tu m'impatientes avec tes *si* et tes *mais* ; seroit-ce la première fois que cela nous arriveroit? — Eh bien, disons encore une fois adieu à nos devoirs, et amusons-nous tout le jour. — J'y consens.

Lith. de C. Constans à Sèvres

A Paris chez NOEL, Rue [illegible] N° 26 [illegible] NOEL [illegible] Passage [illegible]

Voilà nos deux petits paresseux qui vont de rue en rue, s'arrêtant à chaque boutique pour en regarder toutes les curiosités. La faim commence à se faire sentir; ils arrivent près d'un pâtissier, et l'odeur de darioles sortant du four leur donne l'envie d'en manger. As-tu de l'argent? dit Frédéric à Eugène; quant à moi, je n'ai rien dépensé de ma semaine, et je vais acheter de quoi remplacer mon dîner. —J'ai aussi mes quinze sous, répond Eugène; approchons et choisissons. Ils ne savoient pas encore que le mal est tôt ou tard découvert; aussi mangeoient-ils leurs gâteaux dans une pleine sécurité, lorsqu'ils se sentirent frapper sur l'épaule; ils se retournent, et voient leur oncle. Il les prend en silence par la main, les conduit devant leur maître, et lui demande s'il les avoit déja vus. —Non, monsieur; mais leur absence ne m'a pas surpris, j'y suis

ÉTRENNES.

Quel bonheur! c'est demain le jour de l'an! disoient Flore et Delphine, Jules et Gustave, lorsqu'on vint les chercher à leur pension. Ils arrivent chez leurs parents, les embrassent, et font mille questions sur leurs étrennes: mais on veut leur ménager le plaisir de la surprise, on ne leur répond pas. A l'heure du repos les enfants se retirent en faisant des vœux pour être bientôt au lendemain. Delphine, aimante, bonne, et vraiment gentille, étoit néanmoins sujette à s'emporter. La bonne, chargée du soin de la coucher, étoit maladroite; elle fait des nœuds à presque tous les cordons des vêtements de l'enfant, qui, très vive, lui dit en piétinant des paroles désagréables. Il restoit

Lith de A. Constans . . .

à Paris, chez NOEL . . . St Jacques N° 16 . . . Et chez NOEL et DAUTY . . . Palais Royal

encore les brodequins à ôter, et le bonnet de nuit à mettre. Delphine veut le faire elle-même; elle casse les lacets et déchire la garniture: la bonne rit et se moque d'elle. Outrée de colère, la petite fille monte sur une chaise, et donne un soufflet à Catherine; celle-ci emporte la lumière, et laisse Delphine crier. La mère accourt, rencontre Catherine, et demande la cause du bruit qu'elle entend. Instruite de la scène qui s'étoit passée, madame Dorville retourne à son appartement. Les enfants, levés avec le jour, vont offrir à leur mère, avec les vœux de la nouvelle année, quelques essais de leurs petits talents. Madame Dorville distribue aux plus jeunes des joujoux et des bonbons.—Jules, Delphine, dit-elle aux aînés, Flore et Gustave sont encore trop jeunes pour que je fasse des conditions avant de leur donner leurs étrennes; mais

FLAN.

Trois petits garçons venoient de souhaiter la fête à leur grand'maman, qui avoit assez bien garni leur bourse. En traversant les Champs-Élysées, ils voient une longue table couverte de flans. Quelle tentation pour eux! ils s'arrêtent, et demandent qu'on les serve. Un petit malheureux s'approche aussi, mais d'un air craintif; il tenoit d'une main un morceau de pain très dur, et de l'autre il imploroit la pitié des passants. Théophile, ému, propose à ses frères de donner quelque chose à cet infortuné; mais ils refusent, et ils achètent chacun une grande part du gâteau, qu'ils portent avidement à leur bouche. Théophile desiroit aussi manger du gâteau; mais ses regards se tournent

Flan

Devilly. Lith. de C. Constans à Sevres.

vers le jeune mendiant : l'expression de ses traits est si touchante, que Théophile, arrêtant la main du marchand prêt à couper une troisième part du gâteau, retire de sa bourse l'argent qu'il venoit de recevoir, et l'offre au petit malheureux. — Tiens, lui dit-il, porte ceci à ta mère, et prie Dieu qu'il conserve la mienne. — Merci, merci, mon petit monsieur : oui, je prierai Dieu pour vous ; ma mère et mes sœurs le prieront aussi, elles vous béniront. Il s'en va en achevant ces mots, et laisse son bienfaiteur joyeux de l'action qu'il a faite. Ses frères achètent encore du flan, qu'ils lui montrent d'un air moqueur ; mais le généreux enfant n'éprouve aucune privation : il pense à l'emploi de son argent ; et s'il a un regret, c'est de n'en avoir pas eu assez à donner. De retour à la maison, les trois frères se couchent, après avoir reçu de leur père la promesse d'aller le lendemain passer la journée à Saint-Cloud. Théophile dort toute la nuit; mais Victor et Félix réveillent leur mère, ils se plaignent d'un très grand mal de cœur, et, malgré ses soins, ils ne peuvent se lever à l'heure indiquée. Voyant que ses frères sont malades, Théophile dit qu'il n'ira pas non plus à Saint-Cloud. — Si, mon ami, répond M. Francastel : je ne veux pas que leur gourmandise te prive de ce plaisir. Tu t'étonnes de me voir si instruit; apprends donc que ce matin une dame, témoin de ta générosité, m'a envoyé un billet qui m'informa de tout ce qui s'étoit passé à la boutique du marchand de gâteaux. Elle a joint à son billet cette petite boîte, qu'elle m'a chargé de te remettre. Théophile la prend, l'ouvre, et voit, non sans une extrême surprise, une montre charmante avec une chaîne. O papa! s'écrie-t-il, cette montre n'est pas pour moi : qui pourroit me faire un si joli cadeau ? — C'est cette dame, sans doute ; touchée de ton bon cœur, elle a voulu te récompenser comme tu le méritois. Ainsi, tu vois, mon fils, qu'un bienfait n'est jamais perdu.

GALETTE.

Paul et Rosine croyoient qu'on devoit tout leur céder, parceque leurs parents étoient riches : cependant leurs père et mère leur recommandoient de traiter avec douceur ceux que le hasard avoit placés dans une situation inférieure ; mais, aussi étourdis que vains, ces enfants oublioient promptement les sages avis qu'ils recevoient, et ils commandoient toujours d'un ton impérieux. Ils venoient un jour de recevoir une réprimande sur leur orgueil, lorsque l'arrivée d'un oncle les empêcha de subir la punition qu'ils méritoient. Après le dîner, Paul et Rosine tourmentent pour qu'on les laisse aller chez la mère Michaut, connue dans la petite ville qu'ils habitoient pour faire des galettes excel-

Develly.

Lith. de C. Constans à Sevres.

lentes. Ils la trouvent occupée à en mettre plusieurs dans le four. Une petite ouvrière en tenoit une toute chaude dans son tablier. Rosine va à elle, et lui dit: Donnez-moi cette galette, elle me convient. — Vous n'êtes pas gênée; je ne vous la donnerai pas, car je l'ai payée. — Qu'importe? reprend Paul; ma sœur te la demande, tu dois la lui céder. — Je ne la céderai pourtant pas, dit l'ouvrière en s'avançant vers la porte; puisque je suis arrivée la première, je dois être servie la première. Rosine court à elle, saisit sa robe, qu'elle tient de toutes ses forces; et Paul la menace de la battre, si elle ne fait pas ce qu'ils desirent. — Quand vous me retiendriez là jusqu'à ce soir, répond-elle, vous n'en seriez pas plus avancés; je le répète encore, je garderai ce que j'ai payé. — Sais-tu à qui tu parles? reprirent ensemble le frère et la sœur; sais-tu que nous sommes riches, et que de petites filles comme toi doivent nous respecter et nous céder? — Ah, ah, ah! réplique la petite ouvrière en riant, voyez donc ces petits seigneurs! Tenez, ajoute-t-elle en leur mettant la galette sous le nez, comme elle sent bon! comme elle est jaune! eh bien, ce ne sera pas pour vous. Après ces mots, elle s'élance vers la porte; mais un grand morceau de sa robe reste dans la main de Rosine. En ce moment madame Volpénil paroît. « C'est ainsi que vous me récompensez de mon indulgence! s'écrie-t-elle; c'est ainsi que vous suivez mes conseils et ceux de votre père! Ce n'est pas assez d'humilier cette petite par vos propos; vous voulez être respectés, quand vous montrez un orgueil ridicule, une gourmandise repoussante, une dureté méprisable. Vous vous portez à des excès affreux envers un enfant que vous devriez au contraire protéger, parceque vous êtes plus riches qu'elle, et que le seul droit que puisse donner la richesse est celui de faire plus de bien à ses semblables. Payez-lui sur l'heure sa robe déchirée, et réparez l'affront que vous lui avez fait en lui demandant à genoux pardon des paroles injurieuses sorties de votre bouche. » Les enfants obéirent; et depuis, la crainte d'éprouver la même honte les corrigea peu-à-peu d'un défaut qui annonce presque toujours un manque de sens, et même un manque de cœur.

HAUSSE ENCORE.

Monsieur et madame de Saint-Léger voyoient avec peine que toutes les remontrances n'avoient pu corriger leurs enfants d'un défaut qui ternissoit leurs qualités aimables. Adèle déguisoit souvent la vérité, et Charles désobéissoit toujours. — Nous allons sortir jusqu'au dîner, disent un matin leurs parents; étudiez, et sur-tout ne descendez pas au jardin. Si vous êtes bien sages, vous irez passer quinze jours chez M. de Vermeuil, où Rosine et Armand vous attendent.

M. et madame de Saint-Léger embrassent leurs enfants et s'en vont. Adèle et Charles, ravis du plaisir qu'on vient de leur promettre, s'appliquent d'abord à l'étude avec une ardeur extrême; mais

Develly. Lith. de C. Constans à Sèvres.

cette ardeur se ralentit bientôt. Charles se rappelle qu'il a remarqué un pommier superbe au bout du jardin ; il engage sa sœur à venir voir si les fruits en sont mûrs. — As-tu oublié la défense et la promesse qu'on nous a faites? dit Adèle. —Non ; mais comme les domestiques sont tous dans la cuisine, je me glisserai de manière à n'être vu d'aucun d'eux. Viens. — Non ; je veux finir mes devoirs. — Adieu, mademoiselle la raisonnable ; bien du plaisir. Et voilà Charles parti seul. Adèle trouve alors sa tâche ennuyeuse, et ne tarde pas à rejoindre son frère. — Ah ! te voici? lui dit-il ; veux-tu que je te porte sur mes bras? tu cueilleras ces belles pommes, et nous les partagerons. — Volontiers. — Elle saute alors dans ses bras, casse une branche, qu'elle jette dans le chapeau de son frère, et, voulant prendre une pomme plus élevée que les autres, s'écrie : *Hausse, hausse encore.* M. et madame de Saint-Léger, qui n'étoient sortis que pour éprouver leurs enfants, rentroient en ce moment par une petite porte du jardin ; ils entendent ces mots : *Hausse, hausse encore.* Ils s'approchent, et s'affligent mais ne s'étonnent pas de ce qu'ils voient. Ils se cachent. Bientôt Adèle et Charles retournent à l'étude ; et, se croyant certains de n'avoir été vus de personne, ils attendent sans crainte le retour de leurs parents.

M. de Saint-Léger se rend auprès d'eux. —Adèle, dit-il, ta mère demande à voir ce que tu as fait ; descends, elle est au salon. —Adèle obéit.—Eh bien, ma fille, as-tu été sage ?—Oui, maman.—Bien vrai ?—Bien vrai.—Où as-tu donc mis le velours que tu avois sur ta tête ?—Il doit y être encore, répond Adèle en portant la main à ses cheveux. Eh bien, je ne le sens plus.

—Le voici.—Où l'as-tu donc trouvé, maman? — Sur un pommier.—Sur un pommier? répète Adèle confuse. — Oui, mademoiselle; votre mensonge est découvert, et vous vous attendez sans doute à rester ici : vous avez raison ; mais comme j'avois annoncé votre arrivée à M. de Vermeuil, vous lui apprendrez-vous même les motifs qui vous empêchent de vous rendre à son invitation. Vous ne pouvez vous humilier assez pour la faute que vous venez de commettre.

Charles, à la première question de son père, s'étoit avoué coupable ; aussi n'eut-il pas la mortification d'écrire à M. de Vermeuil. On lui permit d'aller passer huit jours à la campagne ; mais il préféra demeurer près de sa sœur pour la consoler.

IL A BU.

Une cloche se fait entendre dans un collége! c'est le signal de la récréation: quel vacarme! le jardin où régnoit une tranquillité parfaite devient tout-à-coup le séjour du tumulte et des cris. Une troupe d'élèves s'approchent de la grille, auprès de laquelle un marchand de melons s'est profondément endormi. Une bouteille vide dans sa poche, une autre à moitié pleine à ses pieds, prouvent que le bon-homme s'est oublié en buvant; sa marchandise est éparse à quelque distance. L'idée de lui faire une niche s'offre à l'esprit de tous ces petits lutins; mais les melons sont trop loin, ils ne peuvent y atteindre. Comment faire? — Attendez dit un d'eux, nommé Alfred, je vais revenir.

Develly. *Lith de C. Constans à Sèvres.*

Il part et reparoît bientôt avec une corde à la main. Viens, Ernest, dit-il à un de ses camarades, suis-moi. Ernest ne se le fait pas répéter ; il grimpe, ainsi qu'Alfred, à un arbre près du mur, le devance, saisit la corde, la jette ensuite, et enlève adroitement plusieurs melons. Pendant ce petit manége, Alfred par un geste imposoit silence à ses camarades, qui ne cessoient de crier : *Il a bu, il a bu!* il ne nous entend pas. Dans la crainte enfin que le marchand ne se réveillât, les deux amis descendent de l'arbre, rejoignent les autres enfants, et se partagent les melons, qu'ils trouvent délicieux. Ils étoient résolus à les payer. Cependant lorsqu'ils sont rassasiés, les plus poltrons s'écrient : Que ferons-nous de ces côtes et de ces pepins? —Vous êtes toujours embarrassés, répond Alfred; creusons un trou, et nous les jetterons dedans.—C'est cela! c'est cela! disent tous les enfants à-la-fois. Aussitôt ils se mettent à l'ouvrage. Dans leur ardeur, ils n'aperçoivent pas le principal, qui, étonné de ce petit rassemblement, s'approchoit pour en connoître la cause. « Que faites-vous là, mes amis? vous paroissez fort occupés. Quoi! personne ne me répond? Je venois pour m'amuser de vos jeux, serois-je venu pour vous punir? » Il s'avance, et découvre aussitôt la cause du trouble de ses éléves. Où avez-vous eu ces melons? demande-t-il d'un ton calme, mais sévère. Tous gardent le silence. Le principal s'avance vers la grille. Le vieillard, qui se réveilloit en ce moment, surpris du dégât fait à sa marchandise, se léve et s'écrie: O ciel, je suis volé! Cette exclamation révéle tout au principal. — Tranquillisez-vous, brave homme; vous aurez le prix des melons qui vous manquent. Il retourne alors près des coupables, et les somme de l'instruire des motifs qui les avoient portés à commettre un semblable vol? — Ah! monsieur, ne nous prêtez pas une intention si affreuse; nous voulions nous amuser de la colère de cet ivrogne, mais nous ne l'aurions pas laissé partir sans le payer. — J'aime à voir la chaleur que vous mettez à votre défense, reprend le maître; mais je regrette que l'exemple de l'intempérance ne vous ait pas empêchés de vous y livrer: si trop boire nuit à la raison, trop manger nuit au corps. Les éléves sentirent bientôt la vérité de ces paroles; ils furent très malades le jour suivant.

JALOUSIE.

Après avoir entendu Julie, Frédéric, et Albert, « Je n'oserois jamais, dit, d'un air timide, Émilie, la plus jeune sœur d'Achille, je n'oserois jamais composer une histoire. — Tu ne veux donc pas être de la charmante partie qui se fera ce soir? réplique Achille. — Mais si, je le veux bien. —Alors, commence, et sois sûre que nous t'écouterons tous avec indulgence, et sur-tout avec plaisir. » Émilie hésite encore un peu; enfin elle explique la gravure que lui montre son frère de la manière suivante :

Clémentine étoit douce, aimante, appliquée à ses devoirs, et très soigneuse; mais une passion affreuse la dominoit, la jalousie. Entendre louer des enfants de

J
Jalousie

son âge, ou voir caresser Anna sa sœur, étoit pour elle un vrai supplice. En vain ses parents lui rappeloient-ils sans cesse qu'elle avoit cinq ans de plus qu'Anna, en vain prenoient-ils toutes les précautions possibles pour affoiblir en elle un sentiment aussi bas que cruel; Clémentine ne se corrigeoit pas. Elle ne paroissoit heureuse que quand elle pouvoit égratigner, pincer, ou contrarier sa sœur; elle aimoit à lui faire payer de ses larmes les caresses et les friandises qu'on ne la laissoit pas partager avec elle. Un jour, la bonne, chargée de les mener à la promenade, conduit aux Tuileries Clémentine et sa sœur. Auprès d'une belle allée de marroniers un banc se trouvoit libre; Clémentine s'assied dessus, et la bonne y place Anna, à qui elle donne une grande quantité de cerises. La bonne offre ensuite un abricot à Clémentine; mais notre petite jalouse s'obstine à ne pas le recevoir, si on lui refuse la moitié de ce qu'on a donné à sa sœur : on lui résiste, elle pleure de rage. La bonne se met entre elle et Anna; croyant Clémentine apaisée, elle prend son ouvrage et travaille. Clémentine profite d'un instant où sa bonne est occupée à défaire un nœud à son fil, pour se glisser derrière le banc; et elle alonge le bras pour prendre les cerises de sa sœur. Anna effrayée tombe et jette les hauts cris; la bonne s'élance au secours de l'enfant, la relève, et, voyant son visage couvert de sang, s'évanouit de frayeur. Anna avoit aussi perdu l'usage de ses sens; il ne passoit personne dans ce moment : Clémentine, saisie d'effroi, pousse de grands cris; elle croit que sa sœur et sa bonne sont mortes, et court comme une folle en disant, Je les ai tuées ! Ah mon Dieu ! mon Dieu! que dira ma pauvre maman? que deviendra-t-elle quand elle saura que j'ai tué ma sœur? Clémentine revient près du banc: plusieurs personnes, attirées par ses sanglots, s'en approchent; la bonne sort de son évanouissement, mais l'état de foiblesse dans lequel se trouve la petite Anna fait craindre pour sa vie. Un médecin, qui logeoit près des Tuileries, les traverse, voit cette scène de désolation, prend Anna dans ses bras, et rentre chez lui, suivi de Clémentine et de la bonne. Anna ouvre les yeux, mais ses mains sont brûlantes; le médecin fait avertir ses parents, qui s'empressent d'accourir. Clémentine se sauve dans une autre pièce en s'écriant, Cachez-moi, cachez-moi! j'ai tué ma sœur, je ne puis voir ma mère! Clémentine resta pendant six jours sur le seuil de la porte pour avoir à chaque instant des nouvelles de sa sœur; pendant cet intervalle, son cœur brisé ne pouvoit goûter aucun repos. Enfin elle entend dire que la vie de sa sœur n'est plus en danger. Clémentine s'élance aussitôt dans la chambre, tombe aux genoux de sa mère, qui ne peut oublier encore le chagrin qu'elle lui a causé; mais les soins, les tendres attentions que Clémentine rendit à sa sœur pendant sa convalescence lui firent recouvrer l'amour de sa mère, qui oublia dans la suite le triste événement qui avoit corrigé pour toujours sa fille aînée du penchant le plus funeste.

K
Karmesse
Develly.

KARMESSE.

Karmesse! oh! je ne sais ce que cela veut dire, s'écrie Émilie d'un air boudeur, et je ne puis rien inventer sur ce que je ne comprends pas. — Je le sais, moi, reprit Gustave; et si mon frère veut, je prendrai ta place. —Tu es bien orgueilleux de ta science! ajoute Julie; aussi tu es toujours prêt à parler pour tout le monde. — J'ai fait le voyage en Flandre avec mon père; il n'est donc pas étonnant que je connoisse la karmesse, il le seroit davantage que vous sussiez ce que ce mot signifie. Quant au reproche que Julie vient de m'adresser, je pense qu'il est mal fondé: j'ai souvent écrit sous la dictée de mon oncle de petites histoires qu'il composoit pour moi; plusieurs me sont restées dans la tête, et m'aident à remplir aujourd'hui ma tâche. S'il s'agissoit de dessin, de musique, de calcul, ou de géographie, je prierois mes frères et toi-même de vous charger d'un travail auquel vous êtes plus habiles que moi. — Aussi, nous sommes bien loin de penser comme Julie, s'écrient tous les enfants d'un commun accord; nous te savons gré de ta complaisance, et nous serons charmés de t'entendre. — S'il est ainsi, je vous dirai que la karmesse est une fête de village, en Flandre et en Belgique. Elle ressemble assez à ce que nous appelons une foire de campagne; toutes les familles se réunissent pour manger des *dorées* ou *tartes* couvertes de riz, de confitures, de fruits, de créme; et, après le repas, les hommes s'assemblent pour jouer au tamis avec les habitants des villages voisins. Cette espéce de joute a ses régles comme un autre combat : on se met cinq contre cinq, les vainqueurs reçoivent le prix au nom du village; quelquefois il consiste en des ornements d'église, alors ils en font hommage au patron de la paroisse; et d'après les décorations de leur chapelle, on peut juger de la supériorité du pays. Pendant la fête, on vend un flan liquide, qui se sert à la cuillère comme nos crèmes. La boisson est tantôt de la bière, tantôt de l'hydromel, liqueur faite de miel et d'eau. Les enfants que vous voyez à droite sont de petits orphelins recueillis par cette bonne femme qui distribue des tartes à ses propres filles. Ils partagent leur régal avec un pauvre enfant du village voisin, qui ne le prendra pas pour lui; la portion qu'il tiendra de leur générosité, il la gardera pour sa vieille mère malade. C'est dans le dessein de procurer quelque soulagement à sa mère qu'il l'a quittée pour venir à la karmesse. Son chien, dressé à faire toute sorte de tours d'adresse, lui a souvent valu le pain de la journée; il partage ses fatigues, il partagera sa nourriture. Les enfants se sont amusés long-temps avec lui, et maintenant ils vont le payer de son travail.

La bonne fermière, sur le récit de ses filles, veut aussi admirer l'adresse du fidèle animal; après avoir interrogé le petit mendiant, elle obtient la conviction qu'il n'a adopté ce genre d'existence que parceque le travail lui a manqué, et pour soutenir sa mère infirme. Alors la fermière se décide à l'occuper désormais, de manière à ce qu'il puisse subvenir seul aux besoins de sa mère, et à garder *Diamant* pour amuser les enfants.

L
Lait
Develly

LAIT.

Deux petits voisins, Edmond et Henry, avoient beaucoup de plaisir à se trouver ensemble ; mais il étoit rare qu'ils se quittassent amis, parcequ'ils étoient tous deux extrêmement entêtés. Un jeudi ils demandent et obtiennent la permission d'aller se promener. Joyeux, ils font une longue excursion, et rien ne dérange l'heureux accord qui régnoit entre eux. Oh! que j'ai soif! s'écrie Edmond. — Et moi, reprend Henry, je donnerois bien tout l'argent que j'ai dans ma poche pour avoir une tasse de lait. — Regarde en face de nous, ne vois-tu pas une ferme? — Oui. — Eh bien, allons-y, nous en trouverons peut-être. — Allons-y, allons-y, répètent les deux amis en courant. Ils arrivent, non à une ferme comme ils l'avoient pensé, mais à une laiterie même. Une jeune fille y portoit un baquet plein de lait qu'elle venoit de traire; une vieille femme s'occupoit à en remplir un autre; la propriétaire de la laiterie écrémoit un pot qu'elle destinoit à ses pratiques de Paris: elle se léve, et demande aux enfants ce qu'ils desiroient. — Donnez-nous du lait, répondent-ils; nous avons de quoi vous payer; tenez, voici une piéce de vingt sous toute neuve. Cette femme prend une grande écuelle de lait, et la leur présente. Donnez-la-moi, dit Edmond. — Non, non, réplique Henry; je suis le plus âgé, je dois boire le premier. — Vraiment, nous allons voir cela. Edmond s'approche de la laitière, mais l'autre le fait reculer et prend sa place; Edmond revient à la charge, Henry tombe en arrière, mais il s'est bientôt relevé. Mathurine, impatientée de ce long débat, leur dit: Eh bien, en finirez-vous? prenez votre lait, et laissez-moi retourner à mon ouvrage. Edmond saisit l'écuelle, il va la porter à ses lèvres; son digne émule d'entêtement la lui arrache avec force; le lait se renverse, tombe en ruisseau sur la terre, et tous deux n'en reçoivent que les éclaboussures. C'est bien fait, dit en riant la laitière: vous êtes de petits obstinés; voilà ce qu'on gagne à se disputer ainsi. J'ai toujours entendu dire que le malheur des uns faisoit le bonheur des autres, j'en vois la preuve en ce moment; mon chien profite d'un accident, suite de votre opiniâtreté. Les enfants, honteux, se retirent, boudent long-temps, et se raccommodent enfin, comme cela arrivoit toujours. Depuis, leurs querelles furent beaucoup moins fréquentes. Quand l'un des deux vouloit contredire l'autre, son camarade ne manquoit pas de lui dire: Souviens-toi de notre lait ; et la querelle étoit bientôt apaisée. Heureux encore ceux qui, sourds aux sages conseils, ne le sont pas du moins aux leçons de l'expérience, et que le malheur corrige !

MERINGUES.

Henriette, âgée d'environ douze ans, attendoit avec une impatience extrême le jour de la Sainte-Marguerite, époque où l'on célébroit chaque année la fête et les vertus de madame Delcour sa mère. La veille de ce jour tant desiré, Henriette avoit prié sa tante d'emmener madame Delcour hors de la maison, pour faire, à son insu, les apprêts du dîner. Elle envoie chercher ses frères à leur pension : ils arrivent, entrent dans la salle, où on venoit de poser un plat et plusieurs assiettes de meringues. A cette vue, les deux plus jeunes ne peuvent résister au desir d'en prendre, et, malgré les remontrances de l'aîné, ils en mangent une grande partie. Ils entendent du bruit: celui qui tenoit en main une preuve de sa gourmandise se cache sous une table. Henriette et Madelon venoient chercher les meringues pour les joindre au dessert. A la vue de Julien et d'Émile elles pressentent avec raison quelque larcin. Madelon gronde Émile, qui, tremblant pour ses frères, s'étoit placé devant la table, et paroissoit tout confus. La bonne le croit fautif; Henriette en doutoit, mais le silence qu'il garde semble l'accuser. Julien assure qu'il n'a pas touché aux meringues. Madelon instruit son maître de ce qui vient de se passer. M. Delcour appelle Émile; l'enfant paroît, et, décidé à ne pas trahir ses frères, il essuie de vifs reproches sans verser une larme. M. Delcour, que des pleurs et un aveu eussent sans doute fléchi, s'irrite contre son fils; il le renvoie en lui défendant de se présenter à table. Émile se retire sans rompre le silence. L'heure du dîner approche : toutes les personnes invitées sont réunies. Madame Delcour, qui ne se doutoit de rien, ne rentre que fort tard. Elle va au salon ; quelle est sa surprise ! elle se rappelle alors que c'est le jour de sa fête. En embrassant Julien et César, elle demande pourquoi son fils aîné ne paroît pas : M. Delcour est forcé de lui avouer la faute que son fils a commise. Cette bonne mère souffroit encore du déplaisir que lui causoit la friandise d'Émile, lorsque Madelon entra en le tenant par la main, sans penser qu'il y eût du monde : elle présente des parcelles de meringues, en disant : « Voilà, monsieur, ce que j'ai trouvé dans les habits que viennent de quitter Julien et César : Émile persiste dans son silence, mais je suis maintenant certaine que ce n'est pas lui qui est le coupable. » M. et madame Delcour démêlant aussitôt la vérité pressent tendrement Émile sur leurs cœurs, et disent à leurs autres enfants : « Votre conduite est affreuse. Ce n'est pas assez d'avoir commis une faute, vous la niez ; vous laissez accuser votre frère ; vous voyez sa générosité, vous en abusez, et vous n'avez pas même demandé sa grace ! Sortez de ma présence, votre vue me fait mal ; vous êtes indignes de pitié, puisque vous n'en avez pas eu quand votre frère se dévouoit pour vous. » Accablés de honte, ces enfants se retirent. L'action d'Émile avoit attendri toute la société. Chacun s'empresse autour de ce généreux enfant, et lui prodigue mille caresses. Enfin on se met à table, le service se fait dans le meilleur ordre ; le dessert est splendide, et disposé avec goût. M. Delcour, charmé de l'air d'approbation qu'il voit sur tous les visages, conduit sa fille à madame Delcour, et lui dit : « Voici l'ordonnateur de ce repas. » Madame Delcour embrasse Henriette; chacun en fait autant, et il auroit été difficile de savoir, dans le reste de cette journée, qui l'on fêtoit, de madame Delcour, d'Émile, ou d'Henriette.

NIGAUD.

Des enfants demandent un jour à Antoine, leur jardinier, des poires superbes qu'ils voient à un arbre. « —Vous n'en aurez pas, leur dit-il. — Tu crois ça? Si tu ne veux pas nous en donner, nous saurons bien en prendre. — Aujourd'hui? — Non, mais un autre jour. — Un autre jour, comme aujourd'hui, reprend le jardinier, je serai là et je saurai vous en empêcher. — Si nous parvenons à t'attraper, tu n'auras rien à nous dire? — Non, mais vous n'y réussirez pas; je ne suis pas si nigaud que vous croyez bien. — Nous verrons, nous verrons, » disent en s'en allant Rosalie et ses deux frères. Ils trouvent à la maison Armand et Jules, leurs cousins, qui venoient passer une semaine avec eux.

Devilly

Lith. de C. Constans à Sèvres.

On s'embrasse, on se fait mille questions, on se promet de bien se divertir, enfin l'on est dans une joie extrême. Le lendemain, la petite troupe joyeuse court au jardin; Antoine y travailloit. Armand et Jules apprennent bientôt l'espèce de défi qu'il leur avoit fait. « Il faut le punir de sa sotte assurance, disent-ils; il faut l'attraper et bien nous moquer de lui. — Sans doute, répondent les autres; mais quels moyens prendre pour y réussir? » Chacun d'eux alors, avec la gravité d'un ministre d'état, réfléchit à cette importante affaire. Tout-à-coup Rosalie frappe des mains et s'écrie: «J'ai une idée délicieuse! et la voilà qui part sans s'expliquer davantage. Tenez, dit-elle en revenant, voici ce qui doit servir à l'exécution de notre projet. — Je devine, reprend Jules: deux de nous feront danser sur cette corde ta poupée et ce pantin, et les autres chiperont les poires: ô quel excellent projet! » Tous l'approuvent. Alors Jules et l'un de ses cousins vont près du jardinier, et, faisant semblant de ne pas le voir, ils prennent chacun un bout de la corde, placent les marionnettes dessus, et le tirent en chantant un air de contredanse. Antoine regarde; bientôt, les mains appuyées sur sa bêche, il oublie et son travail et le défi de la veille, et rit de tout son cœur. Pendant ce temps les autres espiégles grimpent après le treillage en disant: « Ah, le nigaud! qu'il est nigaud! » Rosalie leur fait signe de se taire. Ils touchent aux branches chargées de poires, ils en cueillent, et les enfants s'écrient, « Victoire! victoire! » Antoine ne sait ce que cela veut dire; il se retourne, et ce qu'il voit lui prouve que les enfants l'ont attrapé. Jules, Rosalie et son frère lui montrent les cornes; les autres disent en riant: « Tu n'es pas assez nigaud pour te laisser attraper, n'est-ce pas Antoine? Tu n'avois rien à craindre; tu es d'une si grande vigilance, ah! ah!» Le treillage manque. Armand tombe et entraîne son cousin dans sa chute. Celui-ci a le pied foulé, les mains de l'autre sont toutes couvertes de sang. Un chirurgien est appelé, et les deux cousins reçoivent tous les secours nécessaires. Ils sont bientôt en état de se joindre aux autres enfants pour demander pardon à Antoine, non de leur espiéglerie, on pouvoit l'excuser, mais de leurs ris immodérés. Ils sentirent que si la raillerie humilioit ceux qui en étoient l'objet, elle ne pouvoit faire honneur à celui qui l'emploie.

OMELETTE.

Madame de Saint-Firmin avoit une cuisinière qu'un rien mettoit de mauvaise humeur ; aussi l'entendoit-on toujours grommelant. Comme elle rachetoit ce défaut par un grand nombre de bonnes qualités, sa maîtresse avoit beaucoup d'attachement pour elle ; et lorsque ses enfants se plaignoient des maussaderies de Françoise, madame de Saint-Firmin l'excusoit en leur retraçant toutes ses vertus. Elle profitoit de cet exemple pour leur montrer combien on avoit tort de juger, sur l'apparence, du caractère de quelqu'un, puisque sous des dehors désagréables on pouvoit cacher les sentiments les plus nobles. Ces avis n'étoient pas perdus. Cependant les enfants de madame de Saint-

Deverly. Lith. de C. Constans à Sèvres.

Firmin supportoient difficilement les impatiences de Françoise. Un jour la cuisinière refuse à Clara tout ce qu'elle lui demande, et même la met à la porte. Clara parle à ses frères du traitement injuste qu'elle a reçu, et leur fait promettre de l'aider à s'en venger. « Maman ne dîne pas ici, dit Adrien; nous pourrons plus aisément jouer quelque tour à cette vieille Françoise qui ne cesse de bougonner. » En effet madame de Saint-Firmin sort. Les enfants se mettent à table, dînent tranquillement, prennent leur récréation, remplissent leurs devoirs, et retournent au jardin. Françoise quitte la cuisine; ils suivent des yeux cette fille, et sautent de joie en voyant la porte cochère se fermer sur elle. Clara et ses frères courent à la cuisine : un panier rempli d'œufs est sous une table; aussitôt l'idée de faire une omelette se présente à leur esprit.

Adrien arrange le feu, pendant que sa sœur prépare les choses nécessaires à l'exécution de leur projet; Adolphe et Charles rient aux éclats en portant à leurs aînés ce qu'ils leur demandent. Enfin Adrien met la poêle sur le feu, et Clara verse les œufs ; l'omelette commence à prendre; quel ravissement pour tous! ils bondissent de joie à l'idée de la colère qu'éprouvera Françoise. Tout-à-coup ils l'entendent. Adrien s'écrie : « Placez-vous devant la porte, et empêchez-la d'entrer! —Oh! elle n'entrera que lorsque nous le voudrons bien », répliquent les autres enfants. Françoise, essayant en vain d'entrer, demande ce que cela signifie. « —Tu m'as ce matin mise à la porte, répond Clara; moi je ne t'y mets pas, mais je t'y laisse. » Malgré les efforts de Clara et ceux de ses frères, Françoise parvient à entr'ouvrir la porte; Adrien se retourne, et la menace de lui jeter la poêle au visage si elle persiste à vouloir entrer. Mais le feu prend à l'un des pans de son habit: effrayé, il court et laisse tomber la poêle sur le pied de sa sœur. Tous deux jettent des cris horribles ; Françoise se précipite sur Adrien, étouffe avec son tablier la flamme qui déja gagnoit l'autre pan de son habit, ratisse ensuite une pomme de terre crue, qu'elle applique sur la brûlure de Clara, ce qui adoucit un peu le mal; mais le pied de cet enfant se couvrit de cloches, et elle fut quinze jours sans pouvoir marcher. Adrien avoit éprouvé tant d'effroi qu'on craignit assez long-temps pour sa raison. Clara et ses frères eurent tant de regrets de ce qui s'étoit passé que madame de Saint-Firmin et Françoise ne leur adressèrent aucun reproche ; elles virent d'ailleurs qu'ils se pénétroient de l'idée que tout le malheur arrivé n'étoit qu'un juste châtiment de leur faute.

PALISSADE.

Monsieur de Corbeil avoit recueilli dans sa maison Étienne et Louis, deux orphelins à qui il prodiguoit les mêmes soins et les mêmes caresses qu'à ses propres fils, Édouard et Léon. Ces enfants, quoique très jeunes, savoient déja qu'ils étoient riches, et regardoient avec hauteur les protégés de leur père, parcequ'ils avoient entendu dire qu'ils tenoient la naissance de pauvres paysans. Un matin, avant de se mettre à l'étude, les enfants déjeûnoient dans le jardin; Léon avoit oublié son couteau, et, comme il vouloit peler une pomme, il dit à Louis de lui donner le sien. «—Non, répond Louis; tu vois bien que j'en ai besoin. — Que tu en aies besoin ou non, donne-le-moi, puisque je te le demande;

Palissade

Develly — Lith. de C. Constans à Sevres.

n'es-tu pas fait pour m'obéir? » Louis résiste, sans prononcer toutefois un seul mot désagréable. Édouard prend le parti de son frère, et tous deux s'étudient à humilier les intéressants orphelins. M. de Corbeil paroît; ses fils se taisent: il avoit tout entendu; mais, dans l'espoir de trouver une meilleure occasion de leur donner une leçon utile, il ne les gronde pas. Il conduit ses élèves au travail, ses fils ne font pas un seul devoir sans faute: Étienne et Louis se retirent les larmes aux yeux, parcequ'ils n'ont pu obtenir la grace de leurs camarades. Après le dîner, M. de Corbeil permet aux enfants de se promener dans les champs. Il monte à son belvédère, regarde le chemin qu'ils prennent, descend, et les suit de très loin. Les enfants arrivent près d'une palissade qui bordoit la route, et fermoit une prairie entourée de poiriers superbes. Monter sur la palissade, grimper à un arbre, en descendre chargés de poires, revenir sur le chemin, c'est pour Étienne et Louis l'affaire d'un moment. Édouard et Léon, moins lestes, moins adroits, un peu poltrons, se laissent toutefois entraîner par le desir d'avoir de ce beau fruit. M. de Corbeil voit passer le garde champêtre, l'appelle, et lui dit de menacer ses fils de la prison. Le garde court vers eux; Édouard et Léon l'aperçoivent; l'aîné saute, mais son habit s'accroche à la palissade, et il y reste suspendu. Édouard essaie en vain de tirer son frère d'embarras; leurs cris alarment leurs camarades, qui se retournent, voient avec douleur le garde s'approcher d'eux, les saisir par le bras, et les faire descendre de son côté; ils l'entendent parler de prison. «— Ah! monsieur, s'écrient-ils, n'emmenez pas les fils de notre bienfaiteur; nous sommes plus coupables qu'eux; c'est nous

Decelly. Lith. de C. Constans à Sèvres.

qui leur avons donné un mauvais exemple; punissez-nous, et pardonnez à nos amis. — Leur pardonner quand je les prends sur le fait? non, non! ils ne doivent pas s'y attendre. Allons, allons, marchons! — Oh! laissez-vous fléchir, ayez égard à notre prière; privez-nous de notre liberté; mais grace, grace pour Édouard et pour son frère.» Le garde paroît céder, les orphelins sautent de joie. M. de Corbeil sort de l'endroit qui le déroboit aux yeux de tous; il presse tendrement Étienne et Louis sur son cœur, reçoit avec transport les marques de leur reconnoissance; et se tournant vers ses fils, il leur dit d'un ton sévère: «Vous croyez-vous encore supérieurs à ces enfants? croyez-vous qu'ils soient destinés à vous obéir? O mes fils! que je serois heureux de voir en vous les vertus qu'ils ont fait éclater en ce jour! modération, sensibilité, franchise, reconnoissance; tels sont les sentiments qui les animent: orgueil, colère, dissimulation, et paresse; tels sont les vôtres: et vous vous vantez de votre naissance!... La vraie noblesse, mes fils, est celle qui vient du cœur, la seule dont on puisse se glorifier. Il n'est qu'un moyen de réparer vos torts. — Nous le connoissons, interrompent à-la-fois Édouard et Léon en se jetant au cou de leurs jeunes amis. — C'est dans leurs bras, ô mon père, que nous te jurons de les aimer toujours, et de nous rendre dignes de toi. » M. de Corbeil verse des larmes d'attendrissement; et tour-à-tour ses fils et ses protégés viennent en répandre sur son sein. Le garde lui-même sent ses paupières humides; il se retire en essuyant ses yeux, et en disant: Je ne croyois guère que des enfants pourroient me faire pleurer.

QUATRE MENDIANTS.

Zoé avoit appris auprès de ses bons parents à compatir aux maux de ses semblables et à soulager l'indigence ; mais la mort les ayant ravis à sa tendresse, elle se trouvoit sous la direction d'une tante avare, qui ne connoissoit pas le charme qu'on goûte à faire le bien. On doit penser, d'après cela, que la bourse de Zoé étoit fort mince; souvent elle envioit en elle-même le sort de son cousin Hippolyte, qui possédoit encore les auteurs de ses jours, et qui avoit toujours beaucoup d'argent à sa disposition. Il auroit pu secourir les infortunés; mais il ne le faisoit pas, et dépensoit tout en joujoux et en gourmandises. « Zoé, dit un jour la mère d'Hippolyte, je sais que tu brodes comme un ange, veux-tu me broder ce fichu? je te donnerai huit francs.» Zoé auroit volontiers brodé le fichu pour rien; mais, pensant qu'avec cette somme elle pourroit rendre service à quelques pauvres, elle accepta la proposition de sa tante. Le fichu fini, Zoé s'empresse de le lui porter: elle reçoit un doux embrassement et le double de la somme promise.

Jamais, depuis la mort de ses parents, elle n'avoit éprouvé une joie si vive: elle remercie mille et mille fois sa tante, et court rejoindre son cousin, qui jouoit dans la cour. Celui-ci l'entraîne à la boutique d'une marchande de fruits secs; il demande des quatre mendiants, en fait remplir son mouchoir, et dit à sa cousine: « Achète-s-en donc aussi, puisque tu as de l'argent. » Mais Zoé ne l'entend pas; elle avoit aperçu de loin un joueur de flûte aveugle. Sa femme, privée aussi de la lumière, le tenoit par son habit, et portoit un enfant sur ses épaules; un chien les conduisoit. Au moment où ce bon animal arriva près de Zoé, Hippolyte engageoit de nouveau sa cousine à acheter des quatre mendiants. Zoé, déja vivement émue à l'aspect vénérable des pauvres aveugles, sent redoubler l'intérêt qu'ils lui inspirent, en voyant le regard suppliant du chien; elle se retourne vers son cousin, lui touche le bras et dit: « Tiens, regarde ces malheureux; puis-je acheter des friandises quand ils ont besoin d'un morceau de pain? Ne regrettes-tu point ton argent? tu aurois pu jouir du même plaisir que moi. » En achevant ces mots, elle laisse tomber une pièce de cinq francs dans la sébile que le chien tenoit dans sa gueule. A l'empressement avec lequel cette bonne bête portoit la pièce à ses maîtres, il sembloit qu'il en connoissoit la valeur. Zoé, de retour chez sa tante, y trouve sa bonne qui venoit la chercher; elle fait ses adieux, et s'en va. Pendant le chemin, la bonne la prie en pleurant de vouloir bien entrer chez une de ses amies, qui est malade depuis huit jours. — « A-t-elle de quoi se soigner? — Non, mademoiselle: c'est cela qui me chagrine. — Que lui faudroit-il? — Dix francs, pour lui acheter les drogues dont elle a besoin. — Courons vite chez l'apothicaire. » Elles y vont; Zoé paie ce qu'il demande, et, le cœur palpitant de plaisir, elle entre chez l'amie de sa bonne. Après lui avoir dit comment il falloit prendre ses médicaments, Zoé et Julie retournent à la maison. La première se couche, non sans remercier l'Être suprême du bonheur qu'il lui avoit procuré dans ce jour; elle s'endort, et jouit encore dans son sommeil du bien qu'elle a fait: elle voit en songe ses tendres parents, qui versoient des larmes de joie en entendant les pauvres aveugles et la malade bénir le nom de leur fille chérie.

Hippolyte, moins heureux, n'eut que des songes pénibles, suite d'une mauvaise digestion et du souvenir d'avoir préféré une satisfaction passagère au bonheur de faire une bonne action.

RÉVEIL.

L'amour-propre est un sentiment naturel à l'homme, et qui lui devient utile quand il est bien entendu ; mais ce sentiment, porté à l'excès, entraîne celui qu'il domine à commettre des fautes dont la seule idée sembloit le faire d'abord frémir. L'histoire suivante vous convaincra de cette vérité.

Cornélie de Launay avoit une opinion si avantageuse d'elle-même qu'on ne pouvoit l'aimer, quoiqu'elle eût beaucoup de qualités intéressantes. Pour qu'un jeu l'amusât, il falloit qu'elle l'eût proposé ; ses joujoux lui sembloient toujours plus jolis que ceux de ses compagnes ; lui racontoit-on quelque chose, elle le savoit toujours, ou l'on ne s'exprimoit pas aussi bien qu'elle. Elle faisoit de rapides progrès dans ses études ; mais lorsqu'elle n'obtenoit pas aux compositions la place qu'elle ambitionnoit, elle accusoit ses maîtres d'injustice. Ses compagnes ne l'appeloient que la petite présomptueuse, se moquoient sans cesse d'elle, et ne savoient qu'imaginer pour rabaisser son orgueil. « C'est demain congé, lui dirent-elles un jour ; viendras-tu (Cornélie n'alloit qu'en demi-pension)? — Oui ; pourquoi pas? — C'est que nous ferons une charmante collation dans le jardin ; chacune de nous fournira ou des gâteaux, ou des confitures, ou des fruits ; et... il faudroit que tu apportasses aussi quelque chose. — J'apporterai de tout, répond Cornélie en rougissant de l'espèce de doute que lui montroit sa compagne ; vous verrez que je sais me distinguer. » Cependant Cornélie retourne pensive chez sa bonne maman, car elle avoit dépensé l'argent de son mois, et elle savoit qu'on ne lui accorderoit pas ce qu'elle desiroit.

Madame Delaunay passoit la soirée en ville; Cornélie voit la clef de l'armoire et celle du fruitier suspendues à la cheminée : avec ces clefs elle pouvoit se tirer de l'embarras où elle se trouvoit; mais il falloit se rendre coupable d'un larcin, et comment accueillir une semblable idée? Cornélie s'asseoit, se léve, s'asseoit encore, s'agite; plus elle pense à tout ce qu'elle a promis, plus elle voit l'impossibilité d'accomplir sa promesse. Enfin, ne pouvant supporter l'idée de devenir l'objet des sarcasmes de ses compagnes, elle va à la cheminée, prend les clefs, ouvre l'armoire. Étonnée de sa hardiesse, elle s'arrête en tremblant de tout son corps; mais il lui semble déja entendre le rire moqueur de ses compagnes, et ses scrupules disparoissent. Cornélie s'empare de deux pots de confitures, court ensuite au fruitier, choisit les plus belles pommes et les plus grosses grappes de raisin, et cache le tout avec précaution sous son lit. Elle se couche; mais le souvenir de sa faute la tient éveillée jusqu'au point du jour; alors enfin le sommeil ferme ses paupières. Dans son trouble, Cornélie n'avoit pas pensé à remettre les clefs à leur place, et madame Delaunay s'aperçoit en rentrant du vol qui s'est commis. Certaine de la fidélité de sa domestique, madame Delaunay soupçonne sa petite-fille, et, ne la voyant pas paroître le lendemain matin, monte à sa chambre; Cornélie dormoit encore. Un grain de raisin étoit auprès de son lit, la cachette ne devoit pas être loin; madame Delaunay lève la couverture, et voit qu'elle ne s'est pas trompée. Elle va chercher des verges; Cornélie s'éveille! l'air courroucé de sa bonne maman lui apprend que son larcin est découvert; elle tire le drap à elle comme pour se garantir des coups que madame Delaunay s'apprête à lui donner. Les paroles entrecoupées de l'enfant instruisent son aïeule du motif qui l'a rendue si coupable. Madame Delaunay habille sur-le-champ Cornélie, et la conduit à sa pension. Notre petite présomptueuse y apprend qu'il n'avoit jamais été question de collation. Quelle épreuve pour elle! humiliée, raillée, elle ne sait quelle contenance faire; et si l'on mouroit de honte, elle n'auroit pas survécu à cette cruelle scène. Cornélie, corrigée d'un orgueil ridicule, n'eut dans la suite que la juste fierté qui nous empêche de dévier du devoir.

Develly. Lith. de C. Constans à Sevres.

SUCRE.

Il est possible qu'un enfant ait l'habitude de la désobéissance, sans toutefois être gourmand ; mais s'il s'abandonne à ce défaut, il devient nécessairement coupable du premier. La gourmandise a d'ailleurs cela de fâcheux, qu'elle entraîne souvent ceux qui en sont atteints à abuser de la confiance des personnes qui les dirigent ; en voici un exemple. Madame Verseuil, obligée de faire un assez long voyage, charge Virginie, sa fille aînée, du soin de la remplacer auprès de Caroline son autre fille. Madame Verseuil part l'esprit tranquille ; elle est persuadée que Virginie remplira dignement l'emploi qu'elle lui a confié, ainsi que la promesse de lui envoyer chaque jour un détail exact de tout ce que sa jeune sœur aura fait la veille. Plusieurs jours s'écoulent; Virginie n'a qu'à se louer de Caroline, et lui dit un matin: « Ton petit cousin vient passer la journée avec toi, tu ne travailleras pas; mais songe qu'il ne faut rien déranger, rien casser, ne pas faire trop de bruit, et sur-tout ne dérober aucune friandise. Le sucre restera sur la table, les clefs resteront aux armoires: tu vois, ma bonne Caroline, que je te crois très raisonnable; tu n'abuseras pas de ma confiance, n'est-ce pas? ajoute-t-elle en l'embrassant; tu suivras mes conseils, et non ceux que pourroit te donner ton cousin? — Sois tranquille, répond Caroline.» Les enfants jouent ensemble. Le petit garçon avoit déja reçu plusieurs remontrances de sa petite cousine, lorsque, s'approchant de la table, il ôte le couvercle du sucrier. « Regarde, Caroline, comme ce sucrier est plein! prenons quelques morceaux de sucre. » Caroline se rappelle la dernière recommandation de sa sœur, résiste d'abord à la tentation; mais elle aimoit beaucoup le sucre; les instances de son cousin l'emportent sur de sages représentations, et elle devient sa complice.

Tous deux se placent derrière un paravent. Virginie entre; le silence qui régne dans la chambre lui inspire quelques soupçons; elle va au sucrier, en léve le couvercle, et voit que les enfants avoient commis un larcin. Elle se trouve bientôt en leur présence. Adolphe, véritable espiégle, ne se déconcerte pas, tandis que Caroline, rouge de confusion, tremble et baisse les yeux. Virginie adresse des reproches à son petit cousin; elle ne dit pas un mot à sa sœur, mais son regard disoit plus que des paroles. Caroline en sent toute l'expression. « O ma sœur! s'écrie-t-elle les joues baignées de larmes, je suis bien coupable, je mérite d'être punie; mais si tu m'aimes encore, je t'en conjure, ne parle pas à maman de ma faute. » Virginie est émue; cependant elle chérit trop Caroline pour céder à sa prière; elle s'arrache à ses embrassements, et se retire fort affligée du chagrin de sa sœur, mais décidée à remplir son devoir.

Develly. Lith. de C. Constans à Sevres.

Taches

Develly. *Lith. de Constans à Sèvres.*

TACHES.

Élize attendoit avec impatience le retour de madame Lagrange sa mère, absente depuis trois mois ; Élize savoit bien que sa bonne lui rendroit compte des punitions fréquentes que son étourderie et son manque d'ordre lui avoient fait subir ; elle savoit aussi que sa mère lui adresseroit de vifs reproches. Élize n'avoit pas oublié que ses dernières paroles, en lui disant adieu, avoient été pour lui recommander d'être soigneuse ; mais elle aimoit tant sa mère, son absence lui avoit paru si longue, qu'elle ne songeoit qu'au plaisir de la revoir. Une lettre annonçoit que cette mère chérie embrasseroit sa fille le jour de la Saint-Louis. Dès l'aurore de ce jour desiré, Élize se lève, va trouver Cécile et lui dit : « Ma bonne, je te demande une grace: oh! permets que je t'aide dans tout ce que tu as à faire ce matin. — Pourquoi cette prière, ma belle? — L'idée de revoir maman m'a empêchée de dormir, et toute ma nuit s'est passée à chercher le moyen de l'embrasser plus tôt; je l'ai trouvé ce moyen, mais il faudroit que tu consentisses à ce que je te demande. Ton ouvrage étant fini de bonne heure, nous pourrions aller à sa rencontre à la dernière poste. Ah! dis, ma bonne, le veux-tu? Tu me rendrois si heureuse! — Si je le veux! répond Cécile attendrie; pourrois-je te refuser une chose semblable? » Le travail commence; avec quelle ardeur Élize s'y livre! quand tout est terminé, Cécile l'habille et lui assure qu'elle-même sera prête avant une demi-heure. Pour attendre avec plus de patience Élize descend au jardin: de belles grappes de raisin s'offrent à sa vue, elle en cueille plusieurs et les met dans sa robe. Cécile l'aperçoit d'une fenêtre, et rejoint vite Élize avec la crainte que la robe de l'enfant ne fût tachée : en effet des grains trop mûrs l'avoient mouillée dans plusieurs endroits. « Vous êtes incorrigible ! s'écrie Cécile en s'approchant d'elle et faisant tomber les grappes à terre : quoi ! au moment de revoir votre mère, vous vous rendez coupable de la faute dont elle vous a reprise si souvent ? fi ! oh, la petite sale ! Vous n'irez pas au-devant de madame, je vous le jure. » A ces mots, Élize, déja rouge de honte, demeure comme anéantie : cependant elle retrouve la voix, elle implore son pardon ; mais Cécile reste inexorable, elle ne veut même pas que l'enfant change de robe. Quel désespoir pour Élize ! quelle punition ! Vous pensez sans doute que la bonne auroit dû montrer plus d'indulgence à cause de la conduite aimable qu'Élize avoit tenue le matin. Cécile souffroit de la rigueur dont elle usoit alors; mais, douée de beaucoup d'expérience, elle sentit qu'il étoit essentiel de donner à Élize une leçon qu'elle n'oublieroit de long-temps. Madame Lagrange la remercia; et sa reconnoissance pour cette fille fut éternelle; car depuis ce jour Élize s'appliqua à devenir plus réfléchie et plus soigneuse. On la cite maintenant comme un modèle d'ordre et de propreté.

Develly. Lith. de C. Constans à Sèvres.

ULTRA GOURMAND.

Théodore Leroi étoit d'une gourmandise si excessive, que ses parents ne l'emmenoient jamais dîner en ville avec eux; ils ne l'admettoient même pas à leur table quand ils avoient du monde, dans la crainte qu'il ne se livrât au vice odieux dont rien n'avoit pu le corriger. M. Leroi dit un jour à son fils: « Je suis las de vous montrer sans cesse jusqu'où peut vous conduire votre horrible gourmandise: écoutez l'avis que je vais vous donner; si vous n'en profitez pas, ma résolution est prise, vous ne resterez plus ici. C'est d'aujourd'hui en huit la fête de votre mère; rien ne la flatteroit autant que de vous voir parmi nos convives, il ne tient qu'à vous de lui procurer ce plaisir : ne vous abandonne pas d'ici à cette époque à votre défaut accoutumé. N'ayez aucune inquiétude sur le présent que vous devez desirer de lui offrir; l'assurance que vous avez mérité d'être réuni à toutes les personnes qui viendront célébrer sa fête, sera pour elle la plus agréable surprise. » Théodore promet de se rendre digne de la faveur que son père souhaite lui accorder: il reste sept jours fidèle à sa promesse; mais il voit les apprêts du grand dîner, et succombe à la tentation. M. Leroi, justement irrité, lui ordonne de se retirer dans sa chambre, et de n'en pas sortir de la journée, remettant au lendemain l'exécution de son projet.

Théodore voit, de sa fenêtre, arriver tous les convives, il entend les domestiques monter et descendre les mêts excellents auxquels il ne doit pas goûter; il soupire; et ce n'est pas de regret d'avoir affligé son père, mais de chagrin de ne pas manger des bonnes choses dont la table est couverte. Après trois heures de guet, Théodore s'écrie : « Tout le monde se rend au salon, je pourrai trouver encore quelques restes de dessert. » N'écoutant que son détestable penchant, il s'élance sur l'escalier, et se trouve bientôt dans la salle à manger ; là, d'un air avide, il remplit de friandises un chapeau dont il s'étoit muni ; il en place dans sa poche, dans sa chemise, il en porte à sa bouche, et ne croit pas en avoir encore assez. Fâché de ne pouvoir s'emparer d'un butin plus considérable, il retourne à sa chambre ; mais quelle est sa confusion en y voyant son père ! D'une voix affoiblie par la douleur, M. Leroi lui dit : « J'avois remis à demain la punition que je vous prépare ; ce dernier trait vous rend odieux : il me seroit impossible de garder plus long-temps chez moi un enfant tel que vous. Oui, vous êtes un monstre à mes yeux, puisque la gourmandise a pu faire taire en votre cœur les sentiments sacrés de la nature. Allez, monsieur, sortez d'ici : Champagne sait où il doit vous conduire. »

Théodore, envoyé chez un laboureur, où pendant six mois on le nourrit de pain et d'eau, fit un triste retour sur lui-même : il sentit que la gourmandise ravale l'homme au-dessous de la brute. Il devint sobre, regagna l'affection de son père et l'estime de tout le monde.

Develly. Lith. de C. Constans à Sèvres.

VIN DOUX.

Mathias, vigneron, et père nourricier d'Achille, fils d'un riche négociant de Marseille, avoit, en quelques années, augmenté beaucoup son modeste héritage. Véronique sa femme brûloit du desir de revoir le frère de lait de Toinette, leur fille, et l'aînée de trois petits garçons. Le temps des vendanges arrivé, Mathias monte un jour dans sa carriole, et, sans instruire sa femme du motif de son voyage, il se rend à Marseille, et revient avec Achille. Quelle surprise pour Véronique! quel plaisir pour tous les enfants! Mais le bon Mathias est le plus heureux de tous, il est la cause de leur joie. Pour la rendre complète, il annonce que ses vendanges commenceront le lendemain matin.

Achille raconte les espiégleries, les tours qui se font à son collége; les heures semblent courir plus vite que de coutume, le sommeil les abrége encore, et l'on entend sonner celle du départ: les enfants se mêlent aux vendangeurs; ils les aident à dégarnir la vigne, mais ils contribuent fort peu à rendre les paniers pesants. Plusieurs jours se passent ainsi, et le bon vigneron voit les travaux de l'année couronnés par une récolte abondante. Une cuve immense se remplit de raisins; nouveau sujet de plaisir pour les enfants, car ils montent tour-à-tour à l'échelle pour en examiner la profondeur; ils voudroient y descendre, mais on le leur a défendu, et ils s'en consolent par l'espoir de boire de ce jus agréable appelé vin doux. Véronique leur en donne, sans penser à leur recommander de n'en prendre qu'avec elle ou avec Mathias. Véronique bouche le robinet, et s'en va. « Toinette, dit Achille, ne trouves-tu pas ce vin doux délicieux? — Il est excellent, réplique la petite fille; j'en boirois bien encore. — Et moi aussi, reprennent les autres. — Eh bien! buvons-en! buvons-en! est le cri général. » Denys se trouvoit le plus près de la cuve, il lâche le robinet, et boit à même. Achille le pousse, emplit une petite cruche qu'il avoit à la main, et savoure la liqueur qu'elle renfermoit. Toinette et ses deux jeunes frères mettent dans de petites écuelles le vin doux qu'ils tirent alternativement. Toinette alloit, pour la seconde fois, porter son écuelle à sa bouche, lorsqu'elle voit courir Denys, qui, tourmenté d'une colique affreuse, étoit obligé de se retirer; elle rit, et le montre au doigt. Elle regarde du côté d'Achille; cet enfant, assis sur la terre, sembloit aussi souffrir beaucoup. Toinette alors ne doute pas que le vin doux n'ait produit tout ce mal; elle renverse son écuelle, et empêche les deux autres petits d'en boire davantage. Aux cris de souffrance d'Achille et de Denys, le garçon qui fouloit le raisin se met au bord de la cuve, et madame Mathias accourt. Elle se souvient qu'elle n'a pas défendu d'ouvrir le robinet; elle ne gronde pas, mais elle dit à ses enfants : « Vous venez d'avoir la preuve que l'abus des choses agréables au palais, et même utiles à la santé, peut être dangereux. Souvenez-vous d'user de tout avec modération. »

Aérophage.

Develly. Lith. de C. Constans à Sèvres.

XÉROPHAGE.

« Xérophage! quel mot est-ce là? » s'écrient tous les enfants à l'aspect de la gravure ainsi intitulée. Pour leur éviter la peine de prendre le dictionnaire, Achille leur en donne l'explication : « *Xérophage* ou *xérophagie* est le nom qu'on donnoit à l'abstinence des premiers chrétiens, qui, pendant le carême, ne se nourrissoient que de pain et de fruits secs. — C'est bon, c'est bon, dit Julien, j'y suis. Dans une des pensions de Paris, on condamne à cette nourriture, et à huit jours de prison, les élèves qui font des fautes graves.

« Alexandre de Verbois, à son entrée dans la pension, avoit, suivant l'usage, visité le cachot qu'elle renferme, et reçu les avis nécessaires pour éviter d'y être de suite conduit en prison, où il s'abandonna, pendant le reste du jour, à des emportements affreux. Voyant que ses cris n'apportoient aucun changement à sa situation, il se calma peu-à-peu, et s'endormit.

« Le lendemain, à son réveil, il recommença ses cris. On feignit de ne pas les entendre; et il devint, par degrés, plus tranquille. La faim lui fit paroître assez bons le pain et les fruits secs qu'on avoit posés à terre. Un volume des Œuvres morales de Plutarque se trouvoit sur une chaise; il le prit: d'abord ce livre lui parut aussi ennuyeux que l'aspect de cette chambre étoit triste; cependant il en lut plusieurs pages, et, préférant cette occupation à celle de pleurer et de gémir inutilement, il continua sa lecture. Alexandre avoit de l'esprit et un bon cœur; il fut touché des maximes que ce livre renfer-

Réveil

Develly — Lith. de C. Constans à Sèvres.

moit. Il employa le temps de sa réclusion à les imprimer dans sa mémoire, afin de mieux se comporter à l'avenir. Dès qu'il eut recouvré la liberté, il alla de lui-même se jeter aux pieds du professeur qu'il avoit offensé ; le souvenir de sa faute étouffa sa voix, il ne put que verser des larmes. M. R*** le releva avec bonté, et lui dit en l'embrassant : « Mon ami, lorsqu'on se repent comme vous du mal que l'on a fait, l'on n'est pas loin d'atteindre au bien. » Ces paroles affermirent Alexandre dans la résolution qu'il avoit prise, et il devint par la suite un éleve très distingué. »

Y ES-TU?

Allons, encore une histoire, mon ami, dit Achille à Eugène, une seule encore, et ta tâche sera remplie. « Quel bonheur! s'écrie Eugène, cette gravure représente un trait que j'ai entendu raconter à ma pension par le petit gourmand même qui en est le sujet. Maintenant, corrigé de son défaut, il nous répète souvent que nous cherchons en vain à nous soustraire aux regards de nos maîtres et de nos surveillants, lorsque nous voulons faire quelque chose de mal. Si on ne nous voit pas dans le moment, nous dit mon camarade, un rien peut nous trahir; la prévoyance n'est pas une des qualités de notre âge, et nous devons en remercier le ciel, qui, ne laissant jamais nos fautes impunies, nous force à devenir meilleurs.

Develly. Lith. de C. Constans à Sevres.

«Édouard, aujourd'hui le petit Caton de notre pension, étoit, il y a six mois, l'enfant le plus désobéissant et le plus gourmand qu'il fût possible de voir. Ses parents, qu'il n'avoit pas encore quittés, désespérés du mauvais exemple qu'il donnoit à son frère et à sa sœur, se déterminèrent à l'éloigner d'eux. Il ne put retenir ses larmes en voyant sa mère préparer les effets qui devoient lui servir au collége. Il alloit donc bientôt être privé des caresses et des soins de cette bonne mère, tandis qu'Ernestine et Victor les recevroient toujours. Cette pensée fut accablante pour lui. « O maman! s'écria-t-il, obtiens de papa qu'il me laisse encore près de toi. — C'est demain matin que tu dois nous quitter, mon fils : je n'essaierai pas aujourd'hui d'attendrir ton père, je le trouverois inflexible ; mais si nous n'avons aucun reproche à te faire d'ici à demain matin (le terme n'est pas long), j'implorerai ta grace, dans l'espoir que tu es décidé à ne plus nous affliger. » Une heure après cette conversation, Édouard entra dans une chambre, où Ernestine et Victor le suivirent. Une armoire où l'on serroit les cerises et les abricots à l'eau-de-vie est ouverte; Édouard y tient ses regards attachés, il ne peut résister au desir de manger de ces fruits. Sa sœur, qui pénètre son dessein, car il a déja porté une table auprès de l'armoire, lui rappelle à quelle condition sa mère lui a promis de chercher à fléchir M. de Carcenac. « — Maman n'est-elle pas sortie, répond Édouard, et papa n'est-il pas occupé dans son cabinet? Que puis-je craindre? » Victor s'oppose un instant au projet de son frère; mais, le voyant déterminé à l'accomplir, il éprouve une certaine satisfaction à l'idée de profiter de son larcin. Leur sœur partage aussi bientôt leur desir, et tous deux répètent à diverses reprises à Édouard : *Y ès-tu? Y es-tu?* Ils se tenoient rangés autour d'un bocal qu'ils avoient posé à terre, tandis qu'Édouard s'emparoit d'un second, lorsque M. de Carcenac, qui se promenoit alors dans son jardin, attiré par ces mots, *Y es-tu? Y es-tu?* les répète aussi d'un air irrité, passe son bras à travers les barreaux de la fenêtre, et saisit le pan de l'habit de son fils. Victor, épouvanté, laisse tomber une cuillère remplie de cerises, et se jette sur un petit tabouret en cachant son visage sous un rideau. A son retour, madame de Carcenac apprend ce qui s'est passé; et ni les larmes, ni les prières, ni les promesses de son fils ne purent la décider à solliciter en sa faveur. Édouard fut cruellement puni de sa gourmandise, puisqu'elle lui ferma pour longtemps la maison maternelle. »

ZÈLE.

M. Didier, père de deux fils, se livroit aux soins de leur éducation. L'aîné, nommé Ferdinand, avoit de grandes dispositions pour tout apprendre; mais sa nonchalance arrêtoit les progrès qu'il auroit pu faire, et lui rendoit même l'étude très ennuyeuse. Amédée, doué de moins d'intelligence que son frère, mais plus appliqué à ses devoirs, l'emportoit presque toujours sur lui dans les compositions. Naturellement vain, ses triomphes lui donnoient un orgueil qu'il ne pouvoit dissimuler. M. Didier avoit déja employé inutilement envers ses fils les remontrances, les punitions, les menaces; ils ne se corrigeoient pas: l'un conservoit sa nonchalance, l'autre sa vanité. Las enfin de gronder et de

Develly. Lith. de C. Constans à Sèvres.

veille. Elle venoit pour faire une niche : voyant un martinet dans la poche de M. Didier, elle veut l'en ôter sans qu'il s'en aperçoive, alonge le bras, se saisit de l'arme de correction, et se sauve en riant aux éclats. M. Didier et ses fils, après avoir ri aussi du tour de la petite espiègle, reprennent leur occupation. Quand elle est achevée, le père examine leur travail; l'écriture de Ferdinand est meilleure, et il n'a fait qu'une faute, tandis que celui d'Amédée en contient trois : la branche de vigne appartient à Ferdinand. Son frère s'écrie avec dédain : « Ah ! c'est bien par hasard s'il a mieux réussi que moi. — Nous verrons cela, reprend M. Didier ; vous écrirez demain des participes sous ma dictée, et celui qui ne fera pas de fautes aura un livre rempli de jolies gravures. » Pendant la récréation, les enfants cherchent à se rappeler tout ce qui leur a été dit sur les participes; et le jour suivant M. Didier paroît dans la salle d'étude avec le livre annoncé. Ferdinand est encore le vainqueur. Amédée répète les mêmes paroles que la veille, mais avec moins d'arrogance. M. Didier, ravi du succès de son plan, donne, pour le lendemain, un extrait d'histoire à faire; un pupitre en maroquin doit être le prix de ce travail: l'émulation des deux frères est vivement excitée. Amédée voit de nouveau passer entre les mains de Ferdinand la récompense promise; il baisse les yeux, et ne dit rien. Quinze jours s'écoulent de cette manière; l'étude n'est plus qu'un plaisir pour Ferdinand, il s'y livre avec ardeur. Amédée, convaincu de la supériorité que son frère a sur lui, se corrige de sa vanité. Il eut encore quelques mouvements d'orgueil, mais il ne les dut qu'à la joie de s'entendre dire qu'il marchoit sur les traces de Ferdinand.

ET CÆTERA.

Allons, Gustave, tu termineras la séance, dit Achille; et Gustave regarde la gravure sans prononcer un mot, tandis que ses sœurs, ses cousins, et ses frères, font à haute voix des observations. « Vois, dit Émilie, ce que font ces deux petites filles à genoux devant la croisée; elles paroissent bien attentives à ce que leur montre un jeune homme, qui sans doute est leur frère. — Non, non, répondent les autres, c'est le professeur; vous voyez bien qu'il tient les compositions de l'année. Celui qui déchire la sienne regrette probablement de n'avoir qu'un accessit; cet autre s'en retourne mécontent, il ne concourra pas. — Vois aussi derrière eux, reprend Euphrasie en s'adressant à son

Devilly. Lith. de C. Constans à Sèvres.

cousin James, celui qui sera couronné: il est plus sage et moins paresseux que toi; tu n'as jamais obtenu de prix. — Parce-que je n'étois pas protégé comme toi, qui faisois la cour à tes maîtresses aux dépens de tes compagnes. « Euphrasie, rouge de colère, s'apprête à répondre; personne ne savoit plus vite se venger d'un mot désobligeant. Achille, qui connoissoit le caractère de sa sœur et la vivacité de son cousin, et qui ne vouloit pas que ce jour fût troublé par une querelle, se hâte de les interrompre: « Eh bien! Gustave, qu'attends-tu pour commencer?—Mon frère, je ne sortirai pas, car je ne puis rien trouver sur l'et cætera. — Essaie, mon ami, tu nous as déja donné plusieurs fois des preuves d'intelligence et de bonne volonté; du courage, et plus de confiance en tes forces. — J'aime mieux rester. La discussion de James et d'Euphrasie m'est demeurée dans la tête; je ne pourrois m'empêcher d'en parler dans mon histoire, et je ne veux pas imiter celle que je blâme, en dénonçant un défaut qui deviendroit le mien. » M. de Saint-Germain entroit alors, il demande l'explication de ces mots. Achille lui apprend tout ce qui s'est passé, et la privation qui doit être imposée à Gustave. M. de Saint-Germain serre alors dans ses bras ce généreux enfant. « Loin de t'adresser des reproches, lui dit-il d'une voix émue en lui présentant l'épingle en perle qui attachoit sa chemise, je veux, Gustave, que tu te rappelles, toute ta vie, ce qui t'a valu ce présent, toi qui as préféré une punition non méritée au plaisir de briller par une critique plaisante sur ta sœur et sur ton cousin. Continue, mon ami, à penser toujours de même: la satire amuse, mais on déteste, on craint, on fuit le satirique; un bon cœur vaut mieux qu'un bel esprit. »

CONCLUSION.

Tous les enfants allèrent jouir d'une promenade délicieuse; et, sur leur demande, M. de Saint-Germain promit de leur donner des gravures, chaque année au jour de l'an, aux mêmes conditions. A mesure qu'ils croîtront en âge, on doit espérer que le choix des gravures deviendra plus intéressant, et les histoires plus agréables.

FIN

TABLE.

FIN DE LA TABLE.

COLLECTION

DE LIVRES EN MINIATURES,

Composée des meilleurs ouvrages de Piété, de Morale et d'Éducation, puisés dans les auteurs et dans les orateurs chrétiens les plus célèbres et dans les écrivains les plus distingués de la langue française.

On ne peut déterminer le nombre de volumes; chaque ouvrage se vend séparément, et le prix en sera fixé selon son importance.

L'impression est confiée aux presses de MM. Jules Didot aîné, Ambroise et Firmin Didot; la collection entière sera format in-32, sur grand-raisin vélin, ornée de gravures et frontispices, arabesques ou médaillons gravés en taille-douce par les artistes les plus renommés.

On ne reçoit aucune souscription, ni rien d'avance. Chacun aura la faculté d'acquérir les volumes qui lui conviendront.

Les personnes qui se seront fait inscrire pour les ouvrages de cette collection, à mesure qu'ils paraîtront, jouiront d'une remise de cinquante centimes par volume.

On s'inscrit chez tous les Libraires de France et de l'étranger.

PROVERBES ET BONS MOTS, mis en action d'après les mœurs populaires, composés et lithographiés par plusieurs artistes distingués.

On peut se faire inscrire chez tous les Libraires et Marchands d'Estampes de France et de l'étranger.

www.ingramcontent.com/pod-product-compliance
Ingram Content Group UK Ltd.
Pitfield, Milton Keynes, MK11 3LW, UK
UKHW020150220726
13923UKWH00001B/451